추호秋毫 없는 등대

추호秋毫 없는 등대

손경준 시집

그림과책

| 시인의 말 |

등단 5년 차에 첫 시집 『추호秋毫 없는 등대』를 발표하게 되었습니다.

시인이라는 등짐 속에 한 편의 시를 쓰기 위해 사색과 열정을 불태웠던 지난날들이 주마등처럼 지나갑니다.

저의 작은 시집이 독자 여러분에게 조금이나마 희망과 감동으로 다가왔으면 합니다.

그리고 제 첫 손녀 나윤이와 늘 곁에서 시와 함께해준 아내에게 고맙다는 말 전합니다.

2022년 3월

손 경 준

차 례

5   시인의 말

11 그리워하고 사랑할 때
12 봄은 온다
13 봄비
14 추어탕 집 홍매화
15 봄꽃
16 달빛 소나타
18 그립다 말하면
19 안개꽃
20 꽃비 내리던 날
21 마음의 봄
22 호수의 민낯
23 살아있음에
24 종소리
26 낭만의 계절
27 억새풀
28 등대
29 야생화
30 가슴이 따뜻해지는 시간
31 인생
32 저 들녘에 서면
33 달빛
34 새벽을 걷다
36 비 오는 거리

37 사계四季
38 낮달
39 조그만 변화
40 짐
42 꽃무릇
43 산산조각
44 가을이 좋아서
45 추석
46 고독한 시인
47 절정絕頂
48 어떤 사랑
49 고목과 옹이
50 마음속 화분
51 용서
52 눈물
53 보려거든
54 비의 예찬
55 발레리나
56 아이스커피
57 해변의 여인
58 안부
59 기도
60 내려놓는 일

- 61 풀잎의 노래
- 62 7월
- 64 비와 커피
- 65 문득
- 66 석양
- 68 바다
- 69 의자
- 70 신록
- 72 시나브로
- 73 청사포에 가면
- 74 체념
- 76 삶
- 77 기적 소리
- 78 엄마
- 79 인연
- 80 월척
- 81 검은 바다
- 82 무꽃
- 83 인향만리
- 84 시詩 동무
- 86 담쟁이
- 88 봄 마중

89	감포 주상절리
90	추색으로 가는 시간
92	봄비 속으로
94	틈
96	허공
98	봄이 오는 뜰
100	거울
101	고향으로 가는 까닭
102	꽃
103	기다림
104	뿌리
106	마중물
107	코스모스 연가戀歌
108	가을의 처소處所
109	하늘에는
110	나비 화관花冠
112	여로旅路
113	사람들
114	4월
115	봄기운
116	해설

그리워하고 사랑할 때

그리움이 밀물처럼 다가와 마음 적시고
사랑이 썰물처럼 빠져나가 아픔을 안겨도

그리워하고 사랑할 때

나는 행복했고
너는 아름다웠다

봄은 온다

저 눈 덮인 흰 산이 아무리 무거워도
얼고 메마른 굳은 땅 위에도
차디찬 계곡 얼음 밑에도
저 북서풍이 부는 하늘 위에도

꽃이 피고
송사리가 헤엄치며
새가 날아오른다

봄은 온다
소리 소문 없이
살금살금 고양이처럼 다가온다
기나긴 겨울밤을 뚫고서

그때쯤이면 귀가 먼저 알고
간지럼을 태울 거야

봄비

봄비가 온다
갓난아기 잠자듯
소곤소곤 온다

봄비가 내린다
어린애 볼살 찌듯
자분자분 내린다

봄비를 맞는다
대지의 생명이 입을 벌리고
굼벵이처럼 꿈틀댄다

문을 열어라 활짝 열어라
새색시 봄비 타고 온단다
창밖은 온통 유리구슬 터진다
봄비는 밤새워 세레나데 춤을 춘다

추어탕 집 홍매화

추어탕 집 뒷마당에

홍매화가 불그레 얼굴을 내민다

봄이여! 봄

추어탕 집 홍매화는

손님맞이에 분주하고

추어탕 집은 아침부터 저녁까지

손님으로 시끌벅적하다

봄꽃

내 마음을 꼭꼭 숨기지만
마음은 거울 같아서

어느 날!
느닷없이
봄꽃처럼 뭉글뭉글 아롱지게
돋아나니 말이다

내 마음에도 봄눈이
사뿐히 내리는 게지

그러면 창문을 열고 환한 미소로
맞는 게지

그대가 내 마음속에 쏙 들어오면
내 마음이 그대를 닮아
봄꽃이 되어 활짝 기지개를 켜는 게지

달빛 소나타
-월광 소나타

땅거미가 조용히 노을을 거두고
달빛은 유유히 밤을 살라 먹고
지상을 조아렸어.

진중하면서 나지막이
베토벤 월광 소나타 1악장이
은은한 월광을 뿌렸어.

꽃과 잎새는 달빛의 유혹 앞에
숨 막히는 떨림으로
달빛을 받아들였어.

여인네 목덜미보다 더 희게
팝콘보다 더 톡 소리 나게
눈송이보다 더 예쁘게
가지 마디마디 뽀쏭뽀쏭 매달렸어.

노오란 개나리는 월광의 유혹으로
길게 몸을 늘어뜨려 누워 버렸어.

월광 소나타는 밤새워 춤을 추고

모든 꽃들과 잎새들이 밤새 환희에 찬
얼굴로 파르르 떨었지.

드디어
월광 소나타는 어둠을 틈타
꽃과 잎새와 지상을 삼키고 말았지.

부드럽고 조용히 꺼억꺼억 트림질하며
산을 건넜지.

그립다 말하면

내가 당신을 사랑함에 있어
그리움이 그립다 그립다 말하니
내 가슴속에 당신이 살아 있음이요

당신 가슴속에 아직 나를 기억한다면
그것은 이별을 가장한 기다림의 눈물이
될 터이다

내가 당신과 이별함은 사랑이 식어서가 아니라
그대에게 그리움, 외로움이 사무치도록
정을 쌓아서 다가감이니

나는 아직 그대를 사랑함이
무지무지합니다

안개꽃

있는 듯 없는 듯
수수한 너의 그 자태

주인공이 아니면 어떠리

너는 주인공의 화려함에 가려져
잔잔한 배경이 된다 해도
주인공을 진정 빛내는
안개꽃인 것을

시공간을 차지하는 美의
여백인 것을

꽃비 내리던 날

하늘에서 하이얀 눈송이 날린다
하늘에서 4월의 살점이 날아간다

하이얗고, 보드랍고, 포근하게
훠이 훠이 휘날린다

몽글한 살결
봄꽃 단장에 시집가려고
엄동설한 거쳤나
칠흑 밤 견뎠나

짧고도 짧은 봄날의 회한이여!

기쁨 주고 희망 주고
훠이 훠이 날아라
임 계신 어디든 훠이 훠이 휘날아라

어느 강, 어느 흙에 떨어져
그 봄날 찬란했노라 말하여라
오늘 휘날리는 너의 살결
다시 오지 않을 너의 생이여

마음의 봄

봄이 왔다고 기뻐하지 마라
봄이 갔다고 슬퍼하지 마라

꽃이 폈다고 예뻐하지 마라
꽃이 졌다고 미워하지 마라

다들 힘들게 오고 가고
피고 지고 했거늘

그보다 더 기뻐하고 슬퍼해야 할 일은
마음의 봄이 오고 가고 할 때이다

호수의 민낯

벌거벗은 그대가 누워 있다
푸른 물감은 채색을 포기하고
구름은 그대 품속에서
포근한 쉼을 갈구한다

날아가던 새도 젖줄기에 목을 축이고
나무도 힘이 들면 어깨를 기댄다

밤이면 달과 별을 삼키고
은하를 담은 듯 아름답다
동물들의 울음소리, 산사의 목탁 소리
밤의 적막을 깨뜨리고
당신의 정적 속으로 빠져든다

저 정갈히 알몸으로 누운 그대여
오늘도 아름다운 민낯으로
천지天地를 품으려 하는가

살아있음에

살아있음에
희망이 있고
절망 속에서도
한 송이 꽃은 피어난다

살아있음에
절망의 비애가 있고
희망의 노래가 있다

살아있음에
인생의 희로애락이 있고
시가 있고
노래가 있다

살아있음에
한 송이 민들레는 홀씨를 바람에 날린다

그 찬란한
살아있음에

종소리

어느 새벽 어느 산사의 깊은 밤
푸른 종소리가 울린다

하루를 산 나그네의 궤적 소리인가

종소리는 청명하게 오늘을 안주하듯
깨끗한 음량을 발산한다

하루해가 필 때
하루해가 질 때

태양을 머금은 종소리 툇마루에 걸려 있다

날아가던 새도 보금자리를 틀고
내 마음 푸른 종소리 따라
산사를 내려오는 길

오늘도 청명한 하늘 한번
먼 산 한번 쳐다보고

저 멀리 걸어가는 등산객 배낭에서

딸랑딸랑 종소리 산길을 연다

낭만의 계절

가을이 가을 가을 하는 것은
내 마음이 가을이 된 것이며

단풍이 붉다 붉다 하는 것도
내 마음이 단풍처럼 곱기 때문이다

석류도 태양의 저 간절한 구애 속에
붉은 입술을 벌려 사랑을 받아들이듯

가을은 익을 대로 익어야 하는
낭만의 계절인 것이다

억새풀

억새는 생각했으리라
내가 왜 여기 들판에 서 있는지를

억새는 느꼈으리라
내가 왜 여기 능선에서 서걱서걱 우는지를

억새는 알았으리라
내가 억새처럼 자라 억새 물결이 되어

저 뿌옇게 흩어지는 눈물 위에
분광分光을 쓸다 만 한 자루의
빗자루가 된다 해도

아침 햇살에 부딪쳐 장렬히 부서지는
생이고 싶었음을

등대

헤드라이트 불빛이 검은 바다 위를 비춰 뱃길을 열고
태풍우 속에서도 한 줄기 빛은 희망을 건져 올리듯

내 마음속의 등대는 늘 한 곳을 향하였다
돌아올 자리, 떠나야 할 자리, 끝자락에서도
등대는 끝끝내 어둠을 불태우며

때로는, 별들의 친구가 되어 밤을 지새우고
때로는, 거목처럼 바다를 지키는 외로운 파수꾼이 되기도
때로는, 울다 지쳐 버린 노부의 가슴이 되어
바다만 바라보다 돌부처가 될 때도 있었다

등대!
추호秋毫 없는 등대야,

좌표 없는 인생이 흔들릴 때
너의 그 모습
너의 그 자리에
오늘도 하나의 희망은 파고를 타고 넘는다

야생화

너는 어떤 흰 밤에 피었느냐
너는 지독한 어둠 속에 떨고 있었구나

그토록 외롭게
그토록 쓸쓸하게

네가 본 하늘과 땅
네가 지새운 숱한 나날들

너는 어두운 밤을 낮처럼 밝히며
그 숨 막히는 틈 속에서
그 어떤 고락 속에서

다시 피어난 들의 꽃
밤을 밝히는 산중의 미소

날이 밝음을 기다리지 않고
밤이 길다고 불평하지 않는

미소 중의 미소
그대는 야생화라네

가슴이 따뜻해지는 시간

네가 나의 심장을 깨울 때
내가 너를 보고 웃을 때
나의 옆에 있던 당신이 웃을 때

모두 다 웃고 행복할 때

나의 사랑이 온전할 때
너와 나의 마음이 하나일 때
너의 가슴이 아픔에서 벗어나 시름을 잊을 때

스스로 웃지 않아도 웃음이 나오고
혼자 울 때 같이 울어주는 사람이 있다는 것

그것만 있으면 돼

그래서 나는 행복하니까
그래서 당신이 고마우니까

그러면 우리 모두 다 행복하니까
그러면 우리들 가슴의 온도는 한층 더 따뜻해지니까

인생

아침에 뜨는 해를 보며
환희에 찬 노래를 불렀으리라

저녁 깃에 지는 노을을 보며
감사의 기도를 올렸으리라

아침과 저녁 사이
한낮 볕에 힘껏 살았으리라

해가 뜨고 해가 지는 오늘
그렇게 인생은 어깨를 들썩였으리라

저 들녘에 서면

가슴이 애달파
힘든 육체를 버린 밤
뉘는 건 정신이 아닌 육체의 고달픔

정신은 이미 텅 비어 허공만 쳐다보고
쳐다본 하늘은 별들만 웃더라

은하의 별은 찬란한 빛
찬란하다 못해 저버린 신비의 비너스

저 몸짓 저 흐느낌
달이 웃고 바람이 별을 스치는 날
도요새는 둥지를 떠나지 않았다

저 황혼은 늘 붉게 노을을 간직할 뿐
더 이상 황혼의 노을을 이야기하지 않았다

달빛

밤하늘 달덩이 하나
잔잔한 호수에 빠져
허우적거릴 때

미처 빠져나오지 못한
기억의 파편들은 수몰되고

바람 한 줌 버드나무를
훑고 스산히 지날 때면

긴 머리 풀어헤친 황금 결이
일렁일렁 가슴으로 파고들어
울고 간 달빛의 족적

새벽을 걷다

잠 못 든 그림자 하나
인기척 없는 새벽을 걷는다

아직 눈앞은 어슴푸레한 미명未明
동 트임은 산을 울리고
새벽이슬은 발끝을 차고 나가며
알싸한 냉기가 내 몸을 파고든다

생生이란, 이처럼 어두운 미명을 뚫고
새로운 아침을 맞기 위해 잡림목雜林木
우거진 수풀을 헤치고 나가는 게 아닐까?

이름 없는 질문 뒤에 떨어진 공허함은
이름 모를 하루의 새벽을 열고

기러기, 왜가리, 오리 떼 한가히 놀고 있는
물안개 피어오르는 강변의 새벽을 걸으며
내딛는 발걸음 뒤로

쏟아진 아침 햇살은
가을걷이 끝낸 들판에

까마귀 떼만 훤한 아침을 먹고 있었다

비 오는 거리

뿌옇게 흩어진 안경 너머
오색 스펙트럼은
어지러운 현기증을 일으키고

지우지 못한 퇴색된 거리
퇴색된 낡은 허상 사이로
바쁘게 움직이는 물체
투영된 둘의 겹쳐진 物象은

어느덧 길고 긴 밤을 몰아내고
새벽을 달린다

비 그친 새벽은 냉기 찬 기침 소리만
거리를 적신다

사계四季

몽우리 벙글어
하이얀 하늘 꽃
싱그런 이파리 이파리

눈부신 강
짙푸른 녹색의 향연

파아란 하늘
하얀 목화솜
붉은 유혹의 손짓

메마른 대지
움츠린 가슴
하얀 하늘의 축제

낮달

밤을 조아린 여인아!
뭐가 그리 아쉬워
거울 뒤에 숨었는가

빼꼼히 고개 내밀어
낭군이라도 만나려는가?

호기심은 환영幻影에 차
기울지도 않는 낮의 무게에
숨어 지켜 바라보는 여인의
사슴 같은 눈망울

조그만 변화

조그만 이동
조그만 행동
조그만 관심

하늘이 맑은 것
꽃이 아름다운 것
세상이 밝은 것

그 조그만 변화

짐

어느 누구나 짐 하나는 지고
살 것입니다

짐을 진다는 것은
참으로 힘들고 눈물겹습니다

짐이 나를 살게 하고
울타리를 책임지게 했습니다

짐 없이 홀몸으로 인생을 살아본들
무슨 의미가 있으며, 무슨 행복이 있겠습니까

짐 속에는 인생의 희로애락이 있고
짐 속에는 책임과 겸손이 따릅니다

인생을 살면서 짐 한번 안 지고
파렴치하게 사는 것도 불행이라 보입니다

짐, 참 따스하고 행복한 무게입니다
짐을 내려놓은 순간

할일없는 나그네가 되어
짐을 그리워할 것입니다

짐은 무게가 아닌 사랑으로
당신을 오래도록 기억할 것입니다

꽃무릇

첫인상 그 고매한 숨결
치솟은 마스카라 위로 뻗친
여인의 절개

붉디붉은 꽃봉오리
내일 진들 어떠리

나 오늘 분단장하고
길을 나서리

저 붉게 지는 노을도 나를 두고
아쉬워하리
아쉬워하리

산산조각

산산조각이 났다

어느 날,
그 정처 없는 몸짓은 산산조각이 나
파편은 사방으로 흩어지고

산산이 부서진 마음을 쓸쓸히 쓸어 담을 때
내 마음도 산산조각이 났지만

산산이 부서지지 않고서야
어찌, 산산조각 된 너의 마음을 알겠느냐고

산산조각은 산산이 부서질 때
그제서야, 너의 마음도 산산조각이 나
아름다운 거라고

가을이 좋아서

가을이 좋아서 가을 속으로 들어갔더니

어디선가 '툭'하고 가을이 내 앞에 떨어졌습니다

가을을 줍는 나는 행복한 부자입니다

올해도 어김없이 와줘서 참 고맙습니다

추석

추석에는 벼도 고개를 숙인다지

추석에는 메뚜기도 한철이라지

추석에는 반가운 강아지들도 온다지

추석에는 달도 웃는다지

추석에는 안 먹어도 배가 부르다지

고독한 시인

가없는 사랑이,
가없는 욕망이,
가없는 허무가,

한 편의 모노드라마가 될 때

가없는 시를 찾아 망망대해를
떠도는 외로운 나그네여!

그대는 아침햇살보다 찬란한
고독을 삼키는 시인이다

절정絕頂

내가 내 어미의 배 속에서 나오려는 그 순간

내 아이가 내 배속에서 나오려는 그 순간

내가 생의 소풍을 끝내고 귀천하는 그 순간

한 마리 새끼 독수리가 절벽을 기어 올라

땅을 박차고 날개를 펼치는 그 순간

한 그루 나무가 꽃망울을 터트리는 그 순간

마음을 쓰다 쓰다 다 닳아 없어지는 그 순간

어떤 사랑

어떤 사랑 때문에 웃습니다

어떤 사랑 때문에 눈물짓습니다

어떤 사랑 때문에 가던 발길 돌립니다

어떤 사랑 때문에 가슴이 미어집니다

어쩌면 그 어떤 사랑 때문에

많은 세월을 견뎠는지 모릅니다

오늘도 어떤 사랑을 위해 기도합니다.

고목과 옹이

수백 년 해풍을 맞고 서 있는 후박나무
칼날 같은 비바람과 눈보라에 굴하지 않고
낙숫물이 바위를 뚫듯 긴 세월을
견뎌야 했다

어느덧 세월은 그 단단함의 인내를 부수고
비바람에 가지는 부러지고 몸은 생채기투성이로
그 자리에 생긴 옹이는 지난 긴 세월의 아픔을
이야기하듯 몸속 깊이 박혀 있다

고난의 흔적이 배어 있는 옹이 가득한 몸에도
새 생명이 움트는 봄에 잔뜩 물을 머금고 있는
잔가지와 연한 이파리의 춤은
눈물겹도록 아름답다

옹이로 둘러싸인 몸은 저 켜켜이 쌓인 돌탑처럼
천년의 생을 준비하고

그 어떤 시련도 불태울 만큼 당당한 고목의
위용 앞에 비바람도, 눈보라도 저절로
고개를 숙이고 도망친다

마음속 화분

저는 당신을 위하여 마음속
화분 하나 키웁니다
매일 정성들여 물도 주고 사랑으로
가꾸어요

제 마음속 화분이 다 자라면
당신 마음속으로 분갈이하려고요

당신 마음속에 사랑의 꽃이 피고
씨앗이 생기면 집 앞 뜰 화단에
씨앗을 뿌리고 예쁘게 예쁘게 키워
나비와 벌들이 날아드는 향기로운
사랑 정원 하나 만들겠어요

용서

한평생 네가 나에게 용서 못하고
한평생 내가 너에게 용서 못할 때

조용히 촛불을 켜고
촛불을 바라보라

조그만 바람, 조그만 기침 소리에도
서로의 마음을 외면시 했느니

다시 촛불을 켜보라
그 촛불을 지켜보라
어디 하나 가냘픈 데 없더냐

눈물

눈물은
슬픔의 눈물이 있고
기쁨의 눈물이 있고
참회의 눈물이 있다

눈물을 흘린다는 것은
아직 감성이 살아 있음이요
아직 사랑이 남아 있음이요
아직 가슴이 뜨겁기 때문이다

눈물은 감정 표현의 극치다

마음이 시키는 눈물 한 방울이야말로
꽃보다 아름답다

눈물은 신이 인간에게 준 최고의
선물인 것이다

보려거든

내 앞에 꽃을 보려거든, 예쁜 마음으로

내 머리 위에 별을 보려거든, 아름다운 마음으로

내 옆에 그대를 보려거든, 설레는 마음으로

비의 예찬

비가 휘날리는 날이면
비의 가슴이 되어
비의 노래라도
되었으면 좋겠다

비가 내리는 날에는
한 잔의 커피잔을 마주하고
그윽한 향기를 맡으며
한 번쯤 나만의 생각에 잠겼으면 좋겠다

비가 흩날리는 날이면 옷깃을 세우고
때론 비와 친구가 되어
먼지가 풀풀 나는 어릴 적 그 길을
마냥 걸었으면 좋겠다

비가 거세게 쏟아져 내리면
비가 나의 눈이 되기도 하고
내가 비의 가슴이 되기도 하여
한 송이 들국이 쓸리지 않도록 기도하였으면 좋겠다

발레리나

손끝은 하늘을 찌르고
발끝은 땅을 꽂으며
사선으로 편 날갯짓

온몸에 흐르는 짜릿한 전율…

영혼을 담아 날아오르는
한 마리 백조의 우아한 춤사위

아이스커피

뜨거운 것만큼
시원하고

시원한 것만큼
짜릿하고

짜릿한 것만큼
사랑스럽다

그대처럼…

해변의 여인

사색의 바다여!
아침은 밝았느니

저기 저 멀리 파도가 넘실대고
갈매기 울어대는 바다
바다와 아름다운 해변의 여인
여름 해변은 은빛으로 물든다

오!
아름다움이여
아름다운 몸짓이여
사랑의 나래를 펼쳐라

바다를 품은 여인아
파도치는 해변처럼 싱그럽도다
휘몰아치던 파도도 그녀의 몸을
포근히 감싸며 유혹한다

파도는 그녀를 데리고
8월의 바다 정원을 거닐다
황홀한 저 낙조 속으로 빨려 든다

안부

그립나요
보고 싶나요
걱정되나요
그럼,
내가 먼저

마음의 안부를 붙여 보세요

똑 똑 똑

기도

기도할 때 그 낮은 마음으로
기도문을 적을 때 그 절박한 심정으로
기도는 단아하게 아침을 차려서
아침을 받을 배고픈 성자에게
마음의 성찬을 올리는 일

내려놓는 일

해가 지면
달이 차오르듯
내가 붙잡지 못하는 心想들

흐르는 것은
흐르도록 놔두는 것
그래야 되는 것

풀잎의 노래

너는 시들지 않는 바람이다
너는 마르지 않는 샘이다
너는 쓰러지지 않는 풀이다

세찬 비바람이 몰아치고
황소 같은 몸에 짓밟히고 억눌려도

조용히 고개를 숙여
질기고 질긴 뿌리를 생각하라
그것이 네가 낮게 땅에 붙어사는
이유일지니

너는 너를 밟고 일어서라
일어나 아침을 맞는
분주한 대지의 숨이 되어라

다시 태양이 떠오르는 날
영롱한 아침이슬도
기꺼이 너의 몸을 안고
환희에 찬 노래를 부르리라

7월

7월 설익은 낯은 가라
오직 성숙한 얼굴만 오라

성숙에 목마른 대지여
7월의 태양빛으로 모이자

연푸른 잎사귀야 옷을 벗어라
창 활한 숲속에서 녹색의 향연은
성숙한 너의 숲을 원한다

저 드넓은 들판에 핀 여인아
정열의 태양을 갈구하는 여인아
성숙한 너의 자태
들판을 노랗게 수놓았다

그대도 한때는 설움에 겨워
멍가슴 쥐어짰느니

7월은 그렇게 낯섦에서 낯익음으로 가는
해의 여정

7월은 그렇게 연푸름에서 짙푸름으로 가는
숲의 여정

비와 커피

비가 오면
커피가 생각나고

커피를 마시면
그대 그리워져

혼자 멍하니
비 내리는 창가만 쳐다봅니다

커피가 다 식을 때쯤
나직이 찾아와

지긋한 눈빛으로
제 손을 꼭 잡고 있을 테니까요

문득

문득, 그대 생각이 난다면
아직 그대를 못 잊음이라

문득, 그대 보고파진다면
아직 사랑이 남아 있음이라

문득, 그대 걱정이 된다면
아직 안부를 물음이라

어느 날! 문득
그대 보고파지는 날

석양

하루를 붉게 산 인생아
머뭇머뭇 해가 서산에 걸릴 때면
석양은 황금 들녘을 물들인다

저기 저 날아가는 기러기여!
석양을 보았느뇨
너희들도 석양의 저 붉음 속에
한 송이 아름다운 꽃이다
한 폭의 아름다운 수채화다

석양빛에 물든 얼굴아
고개를 들어라

그리고,
완숙이 익은 저 석류 같은 석양을 보며
눈물은 흘리지 말지어다
노래는 부르지 말지어다

석양은 노을빛에 잠들게
가만히 놔두어라
가만히 지켜봐 두어라

내 눈물 한 방울 흘려두게
내버려 두어라

가슴이 저밀어 터질 때까지

바다

바다는 넓은 가슴
파도는 그 위에 춤추는 작은 어깨
밀물은 바다의 새끼

바다처럼 품어라
파도처럼 힘차라
밀물처럼 포근하라

마음속 어린 바다의 새끼가 올 때면
바다를 찾는다

바다는 안다
내가, 네가, 우리가
왜, 바다에 오는지를
왜, 바다를 찾는지를

바다는 말한다
바다에서 여유를 찾고
바다에서 위안을 찾고
바다에서 깨끗이 비우고 가라고
언제든 다시 바다의 품속에 잠겨 오라고

의자

나는 무체물
그대는 유체물

뭐 그리 사연이 많은가
이래도 끄덕 저래도 끄덕

맥없는 의자는 삐거덕삐거덕
이야기할 때마다 청춘이
한마디 두 마디씩
늙어 간다

신록

저 푸른 잎사귀를 보라
저 푸른 광채를 보라
저 푸른 희망을 보라

햇빛은 푸른 창을 뚫고
신록이 풀빛으로 흩어진다

가지가지 마디마디
푸른 신록이 매달렸다

어서 와요
어서 오시게

푸른 신록이 손짓한다
푸른 신록이 꿈을 꾼다
푸른 희망이 춤을 춘다

신록이여!
새벽 날이 새도록
깨워라 모두 깨워라

그리하여,
그대 품속에서 눈부신 청춘의
노래를 부르게 하여라

시나브로

여명이 시나브로
아침 햇살이 시나브로
새들이 시나브로
낮달이 시나브로
뭉게구름이 시나브로
기우는 해가 시나브로
노을 진 언덕이 시나브로
붉게 타버린 저녁놀이 시나브로
눈가에 이슬이 시나브로
달님이 시나브로
별님이 시나브로
흐드러진 꽃잎이 시나브로
마음 한 켠이 시나브로
벙그는 미소가 시나브로

청사포에 가면

청사포에 가면,
푸른 바다에 눈 한번 씻고 올 일이다

청사포에 가면,
파란 하늘에 귀 한번 열어주고 올 일이다

청사포에 가면,
붉은 등대, 하얀 등대 허리 한번 안아주고 올 일이다

청사포에 가면,
갈매기와 윤슬과 바다의 노래를 듣고 올 일이다

청사포에 가면,
때묻지 않은 마알간 친구 하나쯤 얻어 올 일이다

청사포에 가면…

체념

인생은 누구나 희망과 절망의
보따리를 짊어진 외로운 나그네다

누구나 힘들 때가 있다
그럴 때 체념을 하고 주저앉는다면
누가 나를 이해할 것인가

생이란,
오르막이 있으면
내리막이 있는 법

시간은 흐르고 환경 또한 변하여
체념은 또 다른 희망을 구속하고
나를 학대할 뿐이다
체념보다는 신념으로
내 삶을 극복한다면

새로운 삶의 무지개는 젊다고 나이 들었다고
가리지 않고 떠오른다

저 태양이 찬란히 피고, 저 노을이 붉게 지는 것도

어둠이 있기 때문이다

체념하지 말자
단 하나의 생이자 희망이다

새로운 희망은 이 시간에도
체념을 버리라 노래한다

체념, 그 마음의 짐을 털고
과감히 문밖을 나서보자
희망의 미루나무는 지금도 바람에 휘날린다

삶

발길이 닿는 어디든
그것이 삶이라면
가야 하리
마땅히 가야 하리

아직 해가 뜨고
해가 지지 않으니
가야 하리
감사히 가야 하리

돌아갈 수 없는 것이
인생이라면
가야 하리
정녕코 가야 하리

삶이 그대를 속일지라도

기적 소리

새벽 공기를 가르는 굉음
지나친 기차의 궤적
흘러간 세월의 침묵
희미하게 밝아 오는 여명

기적 소리 빠—아앙

푸드덕 날아가는 꿩 한 마리
하늘은 정지되고 땅은 굳어
공기만 나를 밀고 떠나는 새벽

기적 소리 잠잠

엄마

한평생 기쁠 때나 슬플 때나
내가 제일 먼저 찾은 건 엄마

힘들고 위험할 때도
하나님보다 부처님보다
먼저 부른 건 엄마

어릴 때나 어른이 되어서나 늘 찾는 엄마

그것은 태초에 한 몸에서
두 몸으로 나눴기에
당신을 향한 애절한 그리움이겠지요

엄마!
천 번 만 번 불러도 든든하고
억만금 세월이 지나도
엄마라는 입이 제일 먼저 열립니다

인연

돌부리에 넘어져
엎어진 풀처럼

바람에 거슬러 올라간
꽃씨처럼

생이 피고
생이 지는
이 순간에도

한줄기 인연은

질경이같이
질기고 질기게
또 내일을 이어간다

월척

포물선 하나 바다를 그리고

꾼은 잊었던 기억의 회상을 더듬으며

바다를 응시한다

순간 팽팽히 휘어지는 기억의 파편

재빠른 챔질이 기억을 낚아채면

추억 한 마리 갑판 위에 펄떡이고

대낮의 태양이 뜨겁다

검은 바다

저 멀리 세상의 세월을 다 품은 채
흘러 흘러 검은 바다의 모습으로

검은 바다는 깊이를 가늠할 수 없다
단, 파 뿌리 같은 허연 머리만 세월의
무게라는 것을 알 수 있을 뿐

예속된 시간 속 춤사위만 검은 바다를 비추고
어느새 그 통한의 세월은 바위와 부딪치며
절규를 토해낸다

몸속에 간직한 회한을 쏟아낸 검은 바다
몸은 조각이나 빙그르 흰 포말을 만들고

검은 바다는 제 몸이 부서지는 것을 알면서도
밤새 하염없이 뭍으로 뭍으로만 향한다

무꽃

무꽃이 네가 없다는 듯
나지막이 피었다

무꽃은 속살이 하얗게 익었을 때에도
예쁜 꽃의 이름을 몰랐다

무꽃이 마지막까지
네 이름을 모를 때까지
너는 너를 모르고 자랐다

그랬다
너는 무꽃이다

그래서 너는
아름다운 무꽃을 피울 수 있었다

인향만리

꽃도 진한 향기를 뿜는 꽃이 있다

사람도 진한 향기를 내는 사람이 있다

저마다 향기는 다르지만

그 향기를 맡는 이들은 안다

꽃이나 사람이나

그 진한 향기가 널리 울려 퍼져 나갈 때

세상은 아름답고

우리 모두는 더욱 행복하다는 것을.

시詩 동무

많은 세월
많은 시간들

한 편의 풍경화는
노을빛에 물들고

메마른 가지에 새겨진
바람의 소리들

잎새들이 바람에 떨어져
뒹굴고 나부낄 때

한 줄
한 낱장의 글은 파열음을 일으키고

미치도록 그리워
방황은 퇴색된 과거를 들추어내니

시는 저만치 도망가고
나는 그만큼 쫓아갈 때

시는 시 대로
나는 나대로

다시 세월을 인내하며
내일을 기약하더라

담쟁이

계절의 순환은
얼음 세포 DNA를 깨우고

네 앞에 놓인 담
네 앞에 놓인 울타리

너는 너의 숙명과 마주했다

네 앞에 놓인 장애물이 없었다면
너는 올랐겠느냐
너는 희망을 품었겠느냐

네가 엎드린 풀이었다면
너는 한낮 기어다니는 풀로
어느 누가 너를 한 번이라도 위로 쳐다보았겠느냐

너는 비바람 속
혹한 속에서도 한 가닥 질긴 삶은

오르면 오를수록 다가오는 희망의 끈이
너를 그렇게 만들었을 것이다

헛헛하다 못해 떳떳하게 불타오르는 가슴으로
오늘도 너는 너의 운명 앞에 담을 넘는다

봄 마중

새들도 봄소식에 산과 들에서
지즐지즐, 지지배배 잘도 논다

꽃들도 따뜻한 햇볕의 환대에
산과 산허리 냇가 개여울에 진을 치고
형형색색 올망졸망 꽃봉오리 터진다

새소리, 꽃향기에
잠겼던 문과 문이 열리고

봄소식에 질세라
겨울 외투 날아간다
나풀나풀 고운 색 차려입고
봄 마중 나간다

새들도 앞장서고 꽃들이 인사하는
봄의 놀이터로

나간다 나간다
봄 마중 나간다

감포 주상절리

땅속에 지신들이 꿈틀댄다
억겁의 세월이 세상을 향해 요동치고
붉은 피를 토하며 하늘 높이 솟구친다

동해 어느 작은 마을 앞바다에 떨어진
불의 씨앗은 돌 부채와 돌 벌집,
돌 군상을 조각하고

밤이면 하늘의 유성들이
빛을 토하며 바다 위를 떠돈다

바다 위 뜨거운 군상의 몸부림을
부채 바람으로 식히고
바닷길 파도 소리길을 연다

오늘도 그곳에는 바다의 군상群像들이
찬연히 누워

나그네들의 쉼터로 다시 자란다

추색으로 가는 시간

시간은 늦춤을 모르고
계절은 순환의 초시계에 맞춰
움직이고

생도 한고비 한고비 고개를 넘는데

하물며, 지는 노을도 하루가 아쉬워
황금색 긴 너울을 남기고

가을빛은 곧 추색으로 물들 터
굽이굽이 흐르던 내 골짜기도
붉은 핏물을 뿌리는데

한 생도 세월의 시간 속에
깊게 팬 주름 사이로
황혼은 소리 없이 내리니

아, 정처 없이 떠도는 구름과
아침에 피었다 지는 태양 저편의 석양은 알 테요

추색으로 가는 시간이 시작되었다는 것을

이제, 그 어떤 욕망과 부질없는 사랑도
내려놓아야 한다는 것과

그것은 오로지 자기 자신을 낮추고 비움의
계절 속 추색의 시간이 다가왔음을.

봄비 속으로

나는 젊을 때 한 번씩 봄비를 맞았다
이유 없이, 혹은 이유 있어 봄비를 맞았다

봄비를 맞는다는 것은
나 스스로 봄이 되는 것이다

봄의 생명들이 떠들고 노니는
광야에 나가지 않으면

청춘이 너무 아까워
눈물을 닦을 수 없기 때문이었다

인생을 살면서 빗속을 거닐 때가 있다
우산 없는 빗속을 가야 할 때가 있다

어느 누구도 우산을 받쳐주지 않는
비를 맞을 때가 있는 것이다

그럴 때 나는 빗속으로 들어가
봄비의 고요하고 부드러운 숨결이 생명의 문턱을 넘고

깨워서 깨쳐서 다가왔으므로
나는 우산 없는 봄비를 거닐 수 있었다

봄비가 부지런히 아침을 연다
대지의 새싹이 봄을 맞는 앙증스러운 아침

봄비는 창을 타고
너무나 곱게도 내린다

틈

바람이 불어오면
잎들도 파르르 떤다
한 송이 들국도 고개가 꺾인다

태풍이 불면 건물과 건물이 운다
건물과 건물 사이 틈이 없다면
바람 소리 들리겠는가
건물이 울겠는가

틈이 없다면 생명과 생명이 운다
스스로 피를 토하고 쓰러질 이파리, 잎새
그 어떤 생명도 숨 쉬지 못하리

틈과 틈 사이 날숨과 들숨이 숨을 쉰다
비가 온다
바람이 분다
꽃이 핀다
생명이 잉태한다

틈과 틈이 숨통을 만든다
저 하늘이 보인다

저 산이 보인다
저 바다가 보인다

날숨과 들숨 사이로 틈이 보인다
사람이 보인다
너와 내가 보인다

허공

먼 산 위에 허공을 본다
저 날아가는 새의 날갯짓을 본다

허공에 손하나 내밀었을 뿐인데
허공에 발하나 내디뎠을 뿐인데

허공을 이고 있는 땅과 바다를 보았다
떨리고 힘든 새의 몸짓을 보았다
그 허공 속에 내 몸짓을 보았다

삶이란 살기 위한 발버둥인 것을
새도 알까?

저 날아가는 새도 첫발을 허공에 디뎠을 때
얼마나 무섭고 떨렸겠는가

생명의 끈이 허공을 가를 때
그 벅찬 감동이야
그 희망의 노래야

허공을 가르자

허공을 뛰어넘자

허공이 나를 벤다 해도
심장이 숨 쉬는 그날까지
허공을 생각하자

목적지에 도착하는 날
허공은 새를 떠난다는 것을

봄이 오는 뜰

대지의 숨들이 겨울을 견디고
일어나는 시간

곳곳에서 기지개를 켜고
얼고 굳은 몸과 얼굴을 가다듬는다

온기가 온 땅과 온 하늘에 퍼질 때쯤
향수보다 더 진한 생명의 피들이
온 천지를 뒤덮고

뒤뜰에는 아지랑이 유채밭을 스치고
아지랑이는 대지를 뒤덮는다

대지에 핀 생명이여!
겨울을 견딘 생명이여!

이 찬란하고 아름다운 봄을 맘껏 뽐내어라, 맘껏
그리하여 더욱 푸르고 진한
녹색의 향연을 펼쳐라

희망은 차디찬 겨울을 지나서야 오는 것을

봄은 그렇게 조용히 뒤뜰에 오는 것을

거울

하루같이 거울 앞에 선다
오늘도 거울 앞에 서 있다
얼굴이 보인다
나 자신이 보였다

내게 만일
거울이 없었다면

얼마나 답답했겠는가
얼마나 슬펐겠는가
얼마나 오만했겠는가

거울이 나를 만들고 나를 살린다
어제의 거울은 지나갔다
오늘은 오늘의 거울을 본다

이제,
내일의 거울을 보기 위해
마음속 간직할 거울 하나 될 차례다

고향으로 가는 까닭

새들도 군무를 지어 날아가고
연어도 때가 되면 거센 물결을 역류하고
너도 나도 태어나고 자란 곳을 향한다

고향을 향한 수구 지심이다
고향을 못 잊은 모태 본능이다

저 멀리,
밤하늘에 별들도 고향이 그리워
나선형을 그리며 밤새워 돌지 않는가

고향으로 가는 까닭은 이유가 없기 때문이다

꽃

네가 화사한 봄날에
몹시 무더운 여름날에
혹은, 엄동설한에

한 송이 꽃으로 피어서
운명을 다하는 날까지
꽃의 소명을 간직했다면
너는 오늘 진들 어떠리

꽃이 꽃을 가장하는 날
꽃은 꽃이 아니다

나는 꽃이다
너도 꽃이다
우리 모두 다 꽃이다

얼마나 예쁘고 기쁜가

꽃이란,
생명을 다하는 날까지 아름답고
향기로워야 하느니

기다림

하얀 첫눈이 내리면

그 하얀 첫눈이 내리는 새벽을 밟으면
뽀드득뽀드득
설원의 정적을 깨운다

놀란 노루, 토끼
큰 눈망울 고개 돌리고
나는 햇살 부서지는
설원의 한가운데로 나아가

당신 이름이 새겨진 추억과
당신이 제일 좋아했던
안개꽃 한 아름 안고

서산에 해질 때까지
노을을 밟고 서 있으리

뿌리

하늘은 푸르고 밝은 날
나무의 뿌리는 행복했고

비바람이 몰아치고
생과 사가 문턱에 와도

뿌리는 중심을 잡고
온 힘을 기울였나니

나의 사랑이 쓰러지고 힘들어할 때에도
나는 꿋꿋이 시련을 받아들인

오직
한 가지 이유

나는 너의 뿌리다
너는 나의 한 줄기 소망이다

나는 오늘도 지평선에 보이는
한 그루 소나무의 뿌리가 되고 싶다

그것은 오랜 날
나의 소망이자
나의 숙명이었다

마중물

아침에 뜨는 눈부신 태양이 있고
저녁에 지는 노을이 있고

캄캄한 밤하늘에 별이 있다면
이 얼마나 아름다운 일인가요

가진 건 따뜻한 마음 하나뿐입니다

제 손이 필요하면 말하세요
제 발이 필요하면 말하세요

나는 당신의 따뜻한 마중물 되어
기어이, 저 넓고 넓은 바다로 나아가겠어요

코스모스 연가戀歌

하늘빛 한줄기 고운 연가
한줄기 바람 타고 사뿐히 흩날리고

고운 자태 天上을 닮았네
하늘하늘 고개 저으며 미소 지을 때

그만 그 자리에 멈춰선 돌부처 되었네

환한 웃음 바람결 따라 멀리 보내니
가던 임 걸음 멈추고 옛길 회상하네
눈물짓네, 눈물짓네
아름다운 내 임이여, 내 사랑이여

우리 다시 사랑한다면
그 가냘픈 목 꺾일 것 같은 애절한 맘
하늬바람 타고 천상의 하나 되어보세

가을의 처소處所

마당으로 나가면
9월의 장미가 담벼락 앞에서
계절을 비웃듯 웃고 있다

풀벌레 소리 찌르르- 찌르르
가을의 처소에서 서글피 울어댄다

흘러가는 구름 사이로 별들이
촘촘히 박히고
저녁 하늘을 품은 마당
달덩이 하나 이고 있다

허허로운 상념 구름과 바람으로 가리고
그렇게 가을밤은 깊어만 갔다

하늘에는

하늘에는 달만 있는 것이 아니다
별과 별똥별도
바람과 구름도
그리고 그대와 그대 얼굴도 있다

하늘에는 별만 있는 것이 아니다
하늘의 달과 별을 보며
아이의 젖을 먹이는 엄마의 얼굴도 있다

하늘에는 달과 별만 있는 것이 아니다
그 달을 못 잊어 달을 찾아 나서다
외로이 숨겨간 그 자리 달맞이꽃도 있다
별을 쳐다보다 눈이 멀고 몸이 굳어버린
사내아이의 얼굴도 있다

오늘도 하늘에는 모든 것을 주워 담아
춤을 추는 큰 항아리 하나 있다

나비 화관花冠

찰나의 펄떡임으로 화려한 꽃수술에서 향유를 따고
펄떡임은 완전히 살아 숨 쉬는 종이의 나빌레라

나빌레라는 심장의 고동과 숨소리를 품고
어느 골짜기 어느 슬픈 언덕에 놓인
장의 관葬儀 棺에 살포시 내려앉는다

종이처럼 가볍게 나빌레라는 두 팔을 합장하고
사자死者의 입에 참았던 깊은숨을 토해낸다

그러나 사자는 사자였다
사자는 말이 없고 침묵할 뿐
관속에서 향유를 맡은 나비 떼들이 하늘로 솟아오르며
빙글빙글 화관 모양새를 갖춘다

다시 찰나의 펄떡임은 계속되고 화관으로 춤을 추며
생자와 사자의 미간眉間을 어지럽힌다
순간 심장은 하늘을 향해 요동치고
머리는 어지러운 현기증을 토해낸다

푸른 창공을 떠다니던 구름 한 조각

눈에 고인 눈물 속에 떠 있다

이렇게 한낮의 유희를 쫓는 나빌레라
오늘도 생과 사의 경계에서
푸른 화관을 쓰고 분주히 화접한다

*화관花冠: 꽃 모양으로 된 머리에 쓰는 장식품

여로旅路

새벽 안갯속에 당신은 저만치 서 있고
환희에 찬 얼굴은 숲을 내달린다

숲은 온갖 만물이 춤추고 노래한다
눈물, 한숨, 땀
범벅이 되어 대지에 나뒹군다

동튼 배고픈 육신은 배부른 희망을 가슴에 품고
새벽안개를 헤치며
새들의 노래에 찬양한다

여로 속에 영글어가는 포도밭에
대낮의 태양은 뜨겁기만 하고
한낮의 도둑 태양은
나를 익숙한 그늘 속으로 안내하며
짙은 녹음은 푸른 하늘 속에 숨 쉬고 있다

그 끝이 없는 여로에 오늘도 나는
당신의 뜨거운 가슴앓이로 다시 태어난다
언제쯤 여로를 끝마치고 당신과 나는
뜨거운 눈물로 대지를 적시리오

사람들

바람아! 불어라불어라
새들이 노래한다

꽃이 피었다 피었다
하늘이 말한다

새들이 지저귄다
저기 저 사람 온다고

저기 저 아름다운
사람이 사람들이

저마다 입에 꽃을 물고
등에 짐 하나씩 지고 온다고

4월

야생의 생물이 한껏 신이 났습니다

한층 더 물기를 빨아들이며 힘을 냅니다

생의 몸부림이 하늘을 찌릅니다

산과 들에는 봄꽃들이 만개해

벌과 나비를 유혹합니다

4월은 한창 들뜬 마음이 나풀나풀 날아가

꽃에 입맞춤합니다

4월의 생기에 어느새 산과 들은 꽃동산으로 뒤덮여

새들의 노래로 가득 찹니다

모진 겨울을 견딘 생명이 다시 봄의 희망을

노래하기 시작합니다

봄기운

겨우내 인내의 뿌리, 인내의 씨앗이
잘도 솟구친다

파릇파릇
푸릇푸릇
올망졸망
알콩달콩

보기도 좋게 꽃피우누나

봄기운이 초봄을 일으킨다
봄기운이 나를 자꾸자꾸 치켜세운다

아!
이 아름답고 황홀하고
후루룩 삼키고 싶은
너의 봄기운

| 해설 |

부조리한 생(生)의 바다를 비추는,
한 줄기의 불빛

신원석(시인·문학평론가)

 카뮈는 29세에 '산다는 것'의 의미를 찾기 위해 그리스 신화의 세계로 빠져들었다고 한다. 카뮈는 시시포스를 부조리한 운명에 도전했다가 패배함으로써 자신의 존재를 자각한 자라고 말하면서 '부조리한 세계를 직시하는 것이야말로 인간의 승리'라고 결론 내린 바 있다. 이러한 부조리한 세계를 살아내야 하는 것은 인간의 숙명이다. 시인(詩人)이라는 존재는 우리에게 삶의 의미에 관한 근본적인 질문을 던지면서 삶에 대한 우리의 감각을 전혀 새로운 것으로 이끌어 낸다. 인간과 세계에 관한 독특한 시각을 통해 빚어낸 손경준 시인의 이번 시집 또한 독자들의 정서적 성숙을 위한 자양분이 되기에 충분하다.
 손경준 시인의 시집 『추호(秋毫) 없는 등대』는 '부조리한 생(生)의 바다를 비추는, 한 줄기의 불빛' 같은 시집이다. '등대'는 어두운 바다 위를 헤쳐 나가야 하는 배를 위해 불을 비추어 뱃길을 안내하는 시설이지만, '나아가야 할 길을 밝혀 주는 사람이나 사실을 비유적으로 이르는 말'이기도 하다. 등대는 칠흑의 밤을 하나의 빛줄기로 버텨낸다. 몰아치는 파도보다 더욱 강한 힘으로 늘 한 자리에 서 있어야 한다. 시인은 이 시집에서 등대를 자처한 사람이다. 어둠이 깔린 검은 바다를 한 줄기 빛으로 가르면서 어둠 속에 침잠되어가던 생의 의지를 다시 물 밖으로 끌어 올리는 불빛의 힘. 이번 시집에서 시인은 끊임없이 몰아치는 풍랑(風浪)의 생을 관조(觀照)하는 등대이면서, 지금 이 순간에도 끊임없이 생과 투쟁하고 있을 모든 존재들에게 가닿는 한 줄기의 빛으로 화(化)해 있다.

    헤드라이트 불빛이 검은 바다 위를 비춰 뱃길을 열고
    태풍우 속에서도 한 줄기 빛은 희망을 건져 올리듯

    내 마음속의 등대는 늘 한 곳을 향하였다
    돌아올 자리, 떠나야 할 자리, 끝자리에서도
    등대는 끝끝내 어둠을 불태우며

    때로는, 별들의 친구가 되어 밤을 지새우고
    때로는, 거목처럼 바다를 지키는 외로운 파수꾼이 되기도
    때로는, 울다 지쳐 버린 노부의 가슴이 되어
    바다만 바라보다 돌부처가 될 때도 있었다

    등대!
    추호(秋毫) 없는 등대야,

좌표 없는 인생이 흔들릴 때
너의 그 모습
너의 그 자리에
오늘도 하나의 희망은 파고를 타고 넘는다

― 「등대」 전문

우리들의 생(生)은 폭풍우가 몰아치는 험난한 바다이다. 그 위에 떠 있는 한 척의 배. 우리들의 삶은 힘겹다. 하지만 시인은 그럼에도 불구하고 고난과 역경의 삶 한복판에서 불빛처럼 빛나는 신념을 끌어안고 등대로 서 있다.

등대의 '불빛'이 검은 바다 위에 '뱃길'을 연다. 화자의 '마음속'에도 등대는 있어서, 늘 빼놓지 않고 한 곳을 비추고 서 있다. 떠난 누군가가 '돌아올 자리', 내가 언젠가 '떠나야 할 자리', 그리고 뜨거웠던 생의 끝이 어둠으로 깔리는 '끝자락'은 오랫동안 불빛이 머문 자리다. 삶의 시작과 끝을 관통하는 빛. 이 시에서 '등대'는 시인이라는 한 개인의 삶의 표상인 동시에, 보편적인 우리의 삶을 펼쳐 보이는 조감(鳥瞰)의 공간이기도 하다. 시인은 우리에게 본질적인 삶의 고통을 끌어안을 수 있는, 보다 너른 품에 대해 이야기한다. 폭풍우가 휩쓸고 지나간 다음 날, 바다는 눈부시게 아름답다는 것을 아는 시인은, '오늘도 하나의 희망은 파고를 타고 넘는다.'고 말한다. 삶이란 것이 뭐 그리 대단할 것 없다는 식의 이 나지막한 읊조림은 삶에 대한 깊은 성찰과 관조에서 우러나오는 울림의 소리다. 종소리가 멀리 퍼지는 이유는, 종이 안으로 울기 때문이라고 한다. 시인이 들려주는 이러한 은은한 읊조림 또한 오랜 세월동안 고통을 내면화한 화자의 단단한 가슴 안으로부터 울려 퍼진 것이리라.

잠 못 든 그림자 하나
인기척 없는 새벽을 걷는다

아직 눈앞은 어슴푸레한 미명(未明)
동 트임은 산을 울리고
새벽이슬은 발끝을 차고 나가며
알싸한 냉기가 내 몸을 파고든다

생(生)이란, 이처럼 어두운 미명을 뚫고
새로운 아침을 맞기 위해 잡립목(雜林木)
우거진 수풀을 헤치고 나가는 게 아닐까?

이름 없는 질문 뒤에 떨어진 공허함은
이름 모를 하루의 새벽을 열고

기러기, 왜가리, 오리 떼 한가히 놀고 있는
물안개 피어오르는 강변의 새벽을 걸으며
내딛는 발걸음 뒤로

쏟아진 아침 햇살은
가을걷이 끝낸 들판에
까마귀 떼만 훤한 아침을 먹고 있었다
　　　　　　　　　　　　　－「새벽을 걷다」 전문

'새벽'은 하루가 시작되는 시간이다. 온몸으로 스며드는 '냉기'를 느끼며 '어두운 미명' 속을 걸어가는 화자의 새벽길은, 살아있는 모든 존재가 걸어가야 하는 생의 시간으로 확장된다. 끊임없는 '질문'과 '공허'한 대답의 반복일 수밖에 없는 우리의 '생' 앞에서 화자는 또 한 번 생에 대해 묻는다. 삶에 대한 시인의 깊고도 진지한 성찰은, 결국 생이란 '새로운 아침'을 맞기 위해 잡립목 우거진 수풀을 헤치고 나가는 것이라는 인식에 다다른다. 위에서도 언급한 카뮈의 말처럼 인간의 근원적 고통을 수용하는 일이야말로 앞으로 남은 수많은 생의 날들을 헤쳐 나갈 수 있는 힘의 원동력이 된다. 살아있는 존재는 모두 새벽을 맞는다. 쏟아지는 '아침 햇살'을 맞으면서, 가을걷이가 끝난 들판 위, 잘 차려놓은 아침을 먹는 '까마귀 떼'의 모습은 새벽을 견딘 시인 자신의 모습이면서, 삶의 비애(悲哀)를 견디며 여전히 수풀 속을 헤치며 갈 미래화된 의지의 형상이다.

억새는 생각했으리라
내가 왜 여기 들판에 서 있는지를

억새는 느꼈으리라
내가 왜 여기 능선에서 서걱서걱 우는지를

억새는 알았으리라
내가 억새처럼 자라 억새 물결이 되어

저 뿌옇게 흩어지는 눈물 위에

분광(分光)을 쓸다 만 한 자루의
빗자루가 된다 해도

아침 햇살에 부딪쳐 장렬히 부서지는
생이고 싶었음을

- 「억새풀」 전문

 손경준 시인의 시들은 어딘가를 끊임없이 지향하고 있는데, 그것은 시인이 내면에 간직하고 있는 자기 나름의 이상적 표상을 지니고 있기 때문이다. 숙명적인 고통을 품고 살아가는 삶 속에서도 시인이 생의 의지를 노래할 수 있는 또 하나의 힘은 자신의 진정성(眞情性)을 지키려는 시인 나름의 강한 신념(信念)에 있다.
 '억새는 생각했으리라'로 시작하는 이 시의 첫 문장은, 자신을 둘러싼 생과 자기 자신에 대한 근원적 성찰일 것이다. 이 시의 '억새'는 화자의 분신인 동시에, 한 인간의 모습으로 서 있다. '억새'는 자라서 '억새 물결'이 되었다가, 다시 '뿌옇게 흩어지는 눈물'도 되었다가, '분광을 쓸다 만 한 자루의 빗자루'가 될지도 모르는 상상에 빠진다. 하지만, 화자의 시선은 서걱거리며 울던 과거도, 빗자루가 되어 분광을 쓸어낼 미래도 아닌 진정한 자신이 서 있는 시간과 지점으로 가 닿는다. 생 앞에서 실존(實存)을 더듬으며 걸어가는 시인은 들판에서 눈부시게 흔들리는 억새의 모습을 통해, '아침 햇살'에 부딪쳐 '장렬히' 부서질 자신의 실존적 생을 재확인하고 있는 것이다.

 손경준 시인의 시들은 평생 사랑하며 느낀 모든 것들을 시로

표현해냈던 사포(Sappho, 기원전 612-560)의 서정시를 연상하게 하면서도, 한편으로는 빛의 파편으로 이루어진 아름다운 무지개를 떠올리게 한다. 우리는 지상에 존재하는 아름다운 것을 이야기할 때 가끔 무지개를 거론하지만, 찬란하고 다채로운 무지개의 색채는 실상 반사되거나 굴절된 태양 빛의 파편들, 부서진 빛의 무늬들이다.

산산조각이 났다

어느 날,
그 정처 없는 몸짓은 산산조각이 나
파편은 사방으로 흩어지고

산산이 부서진 마음을 쓸쓸히 쓸어 담을 때
내 마음도 산산조각이 났지만

산산이 부서지지 않고서야
어찌, 산산조각 된 너의 마음을 알겠느냐고

산산조각은 산산이 부서질 때
그제서야, 너의 마음도 산산조각이 나
아름다운 거라고

- 「산산조각」 전문

시 「산산조각」은 파멸의 비극을 환상적인 무지개로 만드는 시인의 요술이 담겨 있다. 신이 아닌 우리는 그 누구도 온전히 사랑할 수 없다. 타인의 감정을 내 것처럼 알 수 없는 우리들은 다른 존재의 비극 앞에서 그저 연민(憐憫)할 수 있을 뿐이다. 하지만 시인은 이러한 인간의 근원적 한계 속에서 최대한 사랑에 이를 수 있는 방법을, '산산조각'이라는 네 음절의 단어로 제시하고 있다.

  화자는 '산산조각'이 난 '너'의 마음을 쓸어 담고 있다. 그러면서 이미 자신의 마음도 함께 산산조각이 나버렸음을 느낀다. 아주 잘게 깨어진 여러 조각을 뜻하는 '산산(散散)조각'이라는 시어는, 분리와 유리(流離)라는 관념적 상징을 담고 있지만, 이 시에서만큼은 사랑하는 존재와의 합일(合一)을 위한 방법으로 제시되어 있다. '산산이 부서지지 않고서야/ 어찌, 산산조각 된 너의 마음을 알겠느냐'고 말하면서, 화자는 자신의 '부서짐'을 기꺼이 수용한다. 부서짐은 숨겨진 아름다움이 드러나는 시간이기도 하다는 것을 잘 아는 화자는 산산이 부서질 때 그제서야, 너의 마음도 '아름다운 거'라고 말한다. 사랑하기 위해 기꺼이 자신을 희생하는 시인의 이러한 자세는 상대의 마음에 도달하고자 하는 시인의 뜨거운 욕망이면서, 근원적 한계를 지닌 우리들이 진정 '사랑'에 가 닿기 위해 취할 수 있는 유일한 자세로도 읽힌다. 사랑을 향한 시인의 이러한 태도는 다음 시 「뿌리」에도 잘 나타나 있다.

    하늘은 푸르고 밝은 날
    나무의 뿌리는 행복했고

    비바람이 몰아치고
    생과 사가 문턱에 와도

뿌리는 중심을 잡고
온 힘을 기울였나니

나의 사랑이 쓰러지고 힘들어할 때에도
나는 꿋꿋이 시련을 받아들인

오직
한 가지 이유

나는 너의 뿌리다
너는 나의 한 줄기 소망이다

나는 오늘도 지평선에 보이는
한 그루 소나무의 뿌리가 되고 싶다

그것은 오랜 날
나의 소망이자
나의 숙명이었다

- 「뿌리」 전문

 '나무'는 '하늘'이 내려주는 것들을 받아먹으며 마침내 제 여린 몸을 흙 위로 밀어 올렸을 것이다. 하늘을 향해 자라기 시작한 나무는 때로는 '비바람'에 흔들리는 제 가지들의 울음소리를 듣거나 제 몸이 꺾이고 부러지는 고통을 느꼈을 것이다. 어린 유목(幼木) 하나의 성목(成木)이 되기까지 나무 하나는 수많은 '생과 사'의 문턱을 드나들어야 한다. 나무가 그러한 거친 생을 견딜 수 있게 하는 힘은 전적으로 '뿌리'라는 단단한 생의 근원으로부터 나온다. 이 시에서 화자는 '나' 또한 '너'의 뿌리였음을, '한 줄기 소망'이었음을 고백하며, 너를 위한 '한 그루 소나무의 뿌리'가 되기를 간절히 소망한다. 시인이 말하는 사랑은 상대가 나의 근원(根源)임을 알아채는 순간 이루어지고, 기꺼이 근원이 됨을 자처할 때 완성된다.

시인이 보여주는 사랑은 그런 것이다. 기꺼이 한 그루의 나무를 위해 뿌리가 되어주는 것. 그래서 '하늘이 푸르고 밝은 날', 푸르름으로 눈부신 나무를 보며 '행복'해 하는 것. 사랑은 '나'를 버리고 상대를 향해 끊임없이 걸어가는 일이다. 부러지고 쓰러지는 아픔 속에서도 오롯이 상대의 뿌리가 되어주는 것. 그런 점에서 사랑의 여정(旅程) 속에서 만날 수밖에 없는 많은 시련과 고통은 결국 사랑하는 존재와의 일체(一體)를 위한 통과제의(通過祭儀)이다.

내 마음을 꼭꼭 숨기지만
마음은 거울 같아서

어느 날!
느닷없이
봄꽃처럼 뭉글뭉글 아롱지게
돋아나니 말이다

내 마음에도 봄눈이
사뿐히 내리는 게지

그러면 창문을 열고 환한 미소로
맞는 게지

그대가 내 마음속에 쏙 들어오면
내 마음이 그대를 닮아
봄꽃이 되어 활짝 기지개를 켜는 게지

-「봄꽃」 전문

시「봄꽃」에서도 사랑에 대한 시인의 인식에는 변함이 없다. 시인은 '사랑'을 어느 날 느닷없이 돋아나는 '봄꽃' 같은 것에 비유하면서 사랑이라는 감정에 한껏 뜨거운 생명력을 불어넣는다. '눈(雪)'과 '꽃(花)'은 물리적으로 전혀 다른 형상을 갖지만, '봄눈'에 대한 우리들의 일반적 인식을 고려하면, '눈'으로부터 '꽃'으로 전이되는 시적 상상력은 전혀 어색하게 느껴지지 않는다. 그래서 이 시의 눈과 꽃은 다시 자아와 타자의 관계로 설정될 수 있고, 그 사이를 잇는 사랑이라는 감정의 길을 우리는 걸어볼 수 있는 것이다. 사랑은 숨길 수 없는 '마음의 거울'. 사랑은 마음 위에 '봄눈'을 내리고, 화자는 창문을 열고 들어오는 '그대'를 맞이한다.

이상에서 살펴본 것처럼 손경준 시인이 노래하는 사랑은 대상과의 일체, 즉, '합일'에 있다. 나에게서 너에게로 가는 여정은 서로 닮음을 전제하고 있고, 그러한 닮음은 자신을 비움으로써 가능해진다. 그대가 내 마음속으로 들어오는 일은, 그대를 닮은 내가 봄꽃이 되는 일이다. 봄꽃이 되어 활짝, '기지개'를 켜는 일이다.

손경준 시인의 시편들은 끊임없이 한 곳을 응시하면서 걸어온 삶의 기록이다. '순환의 초시계'에 맞춰, '한고비 한고비' 생의 고개를 넘어온 세월의 초침들이 시 속에서 여전히 살아 숨쉬고 있다(「추색으로 가는 시간」). 때로는 생이라는 비극적 '운명'을 타고 넘는 '담쟁이'의 모습으로(「담쟁이」), 때로는 '마음의 짐'을 털고, 과감히 '문밖'을 나서는 '희망의 미루나무'의 모습으로(「체념」), 때로는 '행복한 무게'를 지고 살아온 뜨거운 '사랑'의 모습으로(「짐」) 살아온 시인. 시(詩)를 '동무'라고 말하는 손경준 시인의 시들은 우리에게 다양한 질문을 던진다. 당신은 어떻게 살아왔고, 어떻게 살아갈 것인지, 그리고 또 결국, 어디에 이르고 싶은지……. 이 시집을 통해 질문 하나를 얻길 바란다. 그래서 당신이 걸어온 길을 되돌아보고, 걸어가야 할 길을 가늠해 보기를, 손경준 시인의 시집 속에서 당신을 만날 수 있기를 기대한다.

그림과책 시선 260

추호秋毫 없는 등대

초판 1쇄 발행일 _ 2022년 4월 26일

지은이 _ 손경준
펴낸이 _ 손근호

펴낸곳 _ 도서출판 그림과책
출판등록 2003년 5월 12일 제300-2003-87호

03924 서울특별시 마포구 월드컵북로54길 17 821호
     (상암동, 사보이시티디엠씨)
      도서출판 그림과책
전화 (02)720-9875, 2987 _ 팩스 (02)720-4389
도서출판 그림과책 homepage _ www.sisamundan.co.kr
후원 _ 월간 시사문단(www.sisamundan.co.kr)
E-mail _ munhak@sisamundan.co.kr

ISBN 979-11-90411-64-6(03810)

값 12,000원

이 책의 판권은 지은이와 그림과책에 있습니다.
잘못된 책은 교환해 드립니다.